tredition®

www.tredition.de

AF185168

Herbert Kummetz

Die Katze guckt so

Verse von hier

www.tredition.de

© 2018 Herbert Kummetz

Verlag und Druck: tredition GmbH, Hamburg

ISBN
Paperback: 978-3-7469-8547-3
Hardcover: 978-3-7469-8549-7
e-Book: 978-3-7469-8548-0

Die deutsche Nationalbibliothek verzeichnet diese Publikation in
der Deutschen Nationalbibliographie. Detaillierte bibliografische
Daten sind im Internet abrufbar unter: http://dnb.d-nb.de

unterwegs

Nachtfahrt

Die Erlenfrau wispert zum Wasser

zwei Sternchen umtänzeln

den erblassenden Mond

werden zu Sternen

werden zu Sonnen

knallen heran

schaffen nicht das Brückchen

fall'n sie in die Hecke

fall'n sie in den Graben

kreischen die Krähen

über'm Sielzug

Flugangst

Die Ebene neigt sich,
Das Laufband
unter meinen Füßen
erlöst den Abschied,
kein Winken.
Heathrow 12:23 GMT.
Ich bete in Vokabeln,
my darling.

Anfall

Der Himmel fällt,

alle Sterne liegen auf der Straße,

die Ampel pulst orange,

das Herz

bricht entzwei.

Schrei

Ob du

geschrien hast.

Hast du?

Ihren Namen.

Gottes Namen.

Oder bloß

Scheiße.

Neulich im Film:

Blutige Polster,

Mund weit offen.

Ein Drogendealer.

Was schreit so einer?

Aber du

Musste die Karre dich

Verdammt

Stimmung

Die Reifen

haben noch Griff,

in Kirmesstimmung

rausche ich vorbei

am bassdröhnenden Cabrio.

Rechts auf dem Beton

kleben Wohnwagen in Rudeln.

Mit Bleifuß in die Talsenke,

unten brüllt's:

„Runter vom Gas!"

Klasse Foto.

Blutrot

kommt

so gut.

Mann im Stau

Sudoku bloß im Kopf ist blöd,

die Walgesänge sollen mich entspannen,

hab ich schon zweimal durch

– und nun?

Ich könnte alle roten Autos zähl'n,

die nebenan nach Norden fahr'n.

Den Sprinter hinter mir,

den lenkt ein Heinz,

im Spiegel les' ich seinen Namen.

Und mache rasch

von uns ein nettes Selfie,

der Heinz winkt artig

wie Queen Mom,

das seh'n gleich alle,

die mich liken.

Ein Kurzhaarschnitt im Mini,

apfelgrün, guckt kurz,

zieht dann auf meine Spur,

da blitzte doch ein blankes

Dekolleté. Mal schnell jetzt

deine Nummer wählen,

ach nein, du bist ja schon

im Yogakurs.

Ich werd mir einen runterholen,

mir ist so heiß. Der Wagen

nebenan wippt voll Musik,

die ganze Dröhnung.

Neffie

Sie kommt rüber,

Meter um Meter

im blanken Rohrgestänge

des Rollators brechen sich

die Farben der Ampel.

Noch könnte es auch

die Katze schaffen,

hockt zu lange

auf dem Bordstein,

im leichten Trab geht's los,

Grün aber

haben die anderen.

Den Tankwagen von links

ignoriert sie,

auf der Gegenseite

versucht sie es

zwischen einem Kombi

und dem Stadtbus,

entflieht dem einen

in geducktem Sprung,

galoppiert dem zweiten

unter das Fahrgestell,

katapultiert sich

über den Rinnstein

auf den Fußweg,

schüttelt sich,

reibt sich wohlig das Fell

an der welligen Blechhaut

eines Schaltkastens.

Erhobenen Schwanzes

schreitet sie hoheitlich

auf den Rollator zu.

„Aber Neffie!"

Baika-Heiku

Ob er's schaffen wird
am Sonntag seine Leber
an den Mann zu bring'n?

Biker, tu Gutes,
Finger weg von der Kippe,
sie brauchen Lungen.

Sauber

Sommerregen
hat die Böschung reingewaschen.

Hier knautschte keine Motorhaube,
hier erbrach sich keine Ölwanne,
hier schrie niemand in den Gurten.

Verloschen das Ewiglicht
im Plastikbecher.

Nichts
lenkt uns ab.

Sturm

Das Haus schließt die Tür.
Das Land weint sich aus.
Wo früher der Mond schlief,
überquere ich die Piste
im Rehsprung.
Der Abend setzt mich
in's Pils-Paradies,
nur Fernfahrer im Klo.
Meine Sachen trocknen.
Sie geben mir ein Essen.
Ich trau mich nicht,
um Wein zu bitten.
Man muss sich melden.

Ich suche eine Ansichtskarte,
sie haben nur Glückwünsche.

tagesschau

Barbietag

Plastikleiber

klackern knackig

in die Shopping-Mall,

stürmen auf die Galerie,

Hip-Hop kracht

auf Stahl und Glas.

Kirschenlippen wölben sich.

Zwischen spitzen Kurven

zart ins pralle Silikon gedrückt

fiept - in echt ! -

ein Chihuahu.

Mundgeblasen

Unser Kind ist aus Glas,

schüchtern gezeugt

in einer Frühlingsnacht.

Wenn wir es anhauchen,

macht es den Marienkäfer,

pumpt sich glucksend auf,

das Herzchen bubbert.

Ein Kuss auf die Stirn,

schon blinkts im Stammhirn,

Blutbahnen erblühen,

die Pulse werden fröhlich.

Später macht es mal

ein Kind aus Acryl.

Da wird man schauen.

Grabung

Armknochen. Beinknochen.

Im Spotlight sehe ich

eine Beckenschaufel,

mehrmals gebrochen,

wie der Flügel

einer ausgestorbenen Vogelart.

Die Splitter im Fach drüber

waren mal ein Oberschenkelhals.

Das neue Hotel hat den Fund

zweisprachig beschriftet.

Vormensch, männlich.

Lag zu flach für die Tiefgarage.

Zuhause ziehe ich mich sofort aus,

meine Finger graben nervös

nach meinem Becken

unter so viel Fleisch.

Espolio

Täglich vom Leib

reißen sie mir

meinen Namen

meine Zahlen

meine Käufe

meine Lieben

Pferdetoto

oder Fleischeslüste

Sie verdauen alles lautlos

in ihren Gedärmen

von digitaler Ewigkeit

zu digitaler Ewigkeit

Untagged

\#

Krieg

dich

kriegen

wir

\#

no

more

angels

Sperrmüll

Sie tragen den Spiegel,

dann sein Bett,

alles muss raus,

zuletzt die Matratze,

voller Rotwein und Rotz.

Das Haus kotzt.

Freundschaft

Macht mich total elektrisch

unter den Fingerkuppen,

deine tiefschwarze Samthaut.

Außerdem kannst du

piepsen, blinken, ploppen.

Und Porno.

Vor dem Einschlafen

drücke ich sanft den Ausknopf

und lege dich sacht

ins Sofa,

mein Notebook.

Kein Bock

MoinChef

Wasis

AchduKacke

Kommschon

Besserals

Egaldoch

Machsdirsselba

Gehtdoch

Kannnich

Nervnich

Scheißdrauf

Trumpnochmal

Fickdich

Lasses

Gehnwa

Mohltied

Passé

Wie es so geht,

wie es so steht.

Was mich doch freut.

Man schweigt laut mit,

Erinnerung verbeugt sich tief.

Die Hand geküsst.

Die Knie gestreckt.

Aufklingt Musik zum Menuett

verflossner Jahre.

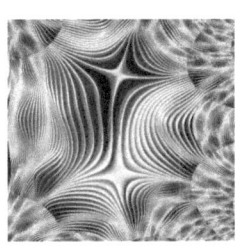

meerumschlungen

Priel in love

Ganz tief zum glatten Spiegel
sie sich neigt, die Stille,
innigst schweigend,
küsst den Strom,
sie küsst ihn gerne,
freilich monochrom,
bloß fehlt der Schnulz
und dass 'ne Geige geigt.

Er zittert, denke nicht,
er wäre feig',
im wattig weißen
Morgennebeldom,
die Stille leider
ist nicht sein Idiom,
empfindet stets
sehr peinlich ihr Geschweig'.

>

Die stumme Liebe
hält ihn fest noch lang',
bis allererste
feuchte Gluckser nah'n,
o seufz. „Ich komme
wieder mal zu dir!"

Die Tide steigt
zu ihrem vollsten Schwang',
die schmust nicht,
neckt nicht zart,
spielt nicht Galan,
die schmatzt und schlingt
und nimmt den Strom
wie'n Tier.

Tellingstedt

Der himmlisch-seidige Stoff
aus dem Bräute gemacht werden,
unschuldig wartet er
auf dem Bügel bei Laue.
Zur Probe erwählt
lacht er schulterfrei,
im Spiegel des Begehrens
schimmert ein Körper vor Glück
auf den ersten Blick.
Stolz nickt der Brautvater.
In geschäftsmäßige Andacht
versinkt das Personal.
Die Mutter fragt
nach dem Preis.

Fundstücke

Ein Schrankkoffer

voller Stimmen

Gesichter

Gegenden

zum Beispiel Klanxbüll

Häuser

manche blieben stehen

Bräunliche Bilder

fescher Hüte mit Damen

sie hießen noch ohne Bindestrich

Adressen längst gewechselt

Jahreszahlen

wie im Geschichtsbuch

Fähnchen schwenken

Hindenburg

fährt Eisenbahn

Schweiß

Von der Helling stinkt's,
man baut mit höllischem Schweiß
himmlische Yachten.

Hundswache
im Museumshafen

Schnittige Dreimaster spielen

Schiffeversenken in Öl.

Kronprinzessin Cecilie

qualmt zum Unglück.

Ein Melancholiker mit Sextant,

als Kapitän verkleidet,

misst die Höhe zum Todessprung,

im Morgengrauen hängt

nur das Bild schief.

Die blonden Fischerjungs schrei'n:

„Alle Stinte fliegen hoch!"

Besucher gehen in Deckung.

Die Überwachungskamera

sieht nichts.

Die Glasenuhr schlägt neun,

zwei hautfarbene Akte

suchen 'ne Koje,

sie sind so schwarzweiß.

Störkathen

auf Liliencrons Spuren

Hier also ging er selbst, der Dichter,

den Geist, die Seele auszulüften,

man sagt, sein Vers sei oft ein schlichter,

versinkt so gern in Frauen-, Cron-

und adlig-feinen Liliendüften.

Ein Heidestein trägt seinen Namen,

es gibt bloß schwarze Kiefern, Schnucken,

nicht reizen Liebesmelodramen,

kein flimmergrünes Augenpaar,

ganz ohne keusches Miederzucken.

Ach, geh'n wir, Allerliebste,

aus der Novemberkühle

auf das Rapidste

in unsre eignen Pfühle,

den sel'gen Detlev

zu verehren,

diesbetreff

ist mein Begehren.

Die Störkathener Heide liegt bei Kellinghusen.
L. war dort für kurze Zeit Kirchspielvogt.

Mastbrook in Blau

Niemandsland
bewacht von grauen Wäschepfählen
und vierunddreißig Augenpaaren
hinter den Gardinen.

Die Probe des Adepten:
Er hebt den Stab,
sagt lautlos seinen Spruch,
ins Nichts ritzt er Hyperbeln.

Wie schade, Blüten, Blüten, Blüten.
Zwar diesmal alles blau in blau -
Vergissmeinnicht und Männertreu,
Verbenen, Bleiwurz, Blaue Lieschen,
ein Meer von Blüten strömt herbei.

Wer macht das nachher wieder weg?
Aus offenen Türen jubeln Kinder
 ein Paar umarmt sich neu verliebt.
Der Meister der Novizen sieht's
in seinem blinden Spiegel, seufzt:
Schon wieder einer,
der bloß Blumen kann.

Mastbrook ist ein Stadtteil von Rendsburg

Vier vor

Vor Ostern eisig reißt's am Fahnenmast,

ein Hagelschauer peitscht

mit einem Stoß

den Deichkrug kreuzweis'

von den Sünden los.

Schaumkrönt das frische Pils

den späten Gast.

Am Zapfhahn lacht

ein Pulli in brünett,

sie guckt grad MTV,

er guckt ins Glas,

grad vier vor elf,

er fühlt den Ischias,

sein Zimmerschlüssel

leise winkt vom Brett.

Ihm fallen Schwedenfilme ein

mit Brit, ach, nein,

wie hieß sie noch,

ganz bloß im Kraut?

Obwohl, die Tresenfrau

ging' auch als Braut,

sehr zart, macht' hoffentlich

recht lustig mit.

Auf ihm des Tages

und des Mannes Last,

doch hört er nur:

„Zum Frühstück gibt's Baguettes."

Man geht zu dritt,

sie hat den Hund gefasst.

>

„Ok, hier also wär'

Ihr Kabinett!"

Sie duftet still nach Zimt,

es knallt ein Ast

aufs Dach, man knurrt,

dann eben kein Duett.

Gegend

Eine glückliche Gegend
erträgt keine Straße,
kann sie nicht riechen,
weicht vor ihr zurück,
erfindet Hindernisse:
Hügel oder Blitzeis.

Ihr schmerzen die Ohren,
wenn sie dort hinhorcht.
Ihr schmerzen die Augen,
wenn sie dort hinsieht.
Die einsamen Fahrer
tun ihr leid.
So allein.
Und so viel schöne Musik.

Schiffegucken

Fünf Decks in weiß,

dort oben, sieh, der Kapitän,

er winkt im Kreis.

Hab mich verseh'n,

war's nicht, wohl nur ein Passagier,

der ahnt' mein Flehn.

Das hätten wir.

Jetzt, schau doch mal,

das Schiff fährt Holz,

hat Masten vier,

geflaggt mit Stolz;

die Fahne ist mir nicht bekannt.

Jedoch was soll's,

man müht die Hand und gähnt,

es ist doch erst halb neun,

und grüßt galant,

könn'n sich was freu'n.

Ein Dampfer zieht vorbei im Nu,

ach nee wie scheun.

Guck den da, du,

ein Ölschiff, ganz in rot und blau,

aus Paladu,

das grüßt nur lau,

als dann die Hymne, platsch,

verklingt.

Wie blöd, genau.

>

So hör', man singt dort

auf dem lust'gen Kahn und lacht,

de Stüermann trinkt;

'ne edle Yacht.

Sie gehen heut' auf Jungfernfahrt,

wohl über Nacht

an Bord. Apart,

der Skipper fährt mit seiner Braut,

er küsst sie zart.

Die Dame taut

ganz auf in seinen Armen heiß,

man tutet laut

dazu vom Kümo Lob und Preis.

Haiku mit Heike
am plattdeutschen Strand

„Schwül, nicht?" Dann ein Kuss.

„Ok", seufzte der Verschluss,

„na, watt mutt dat mutt."

Hoyersworther Tanzsage

In Hoyersworth

das Schloss zur Mitternacht,

die weiße Jungfrau

springt in einem fort,

es hüpft, es wankt

und ächzt der ganze Ort,

allein, noch niemand

hat hier mitgemacht.

Wer sich's getraute,

würde sie erlösen.

In ihrer Tanzwut

jung dahingerafft,

sie festzuhalten

hatte niemand Kraft,

laut prahlte sie:

„Ich mach's auch mit dem Bösen!"

Ein Fremder kratzfußt'
vor dem jungen Blut,
er bot den Arm,
griff fest den ganzen Leib,
hat sie geschwenkt,
die Violinen rasten.

Man wich zurück,
der Saal war wie in Glut,
es schrie, es brach,
es sank das junge Weib,
war tot, der Teufel hatt'
die Seel' im Kasten.

O du

Drache ohne Reiter,
Kutsche ohne Prinzessin.
Ketten schwingen
im Wind.

Sie nehmen eine Punsch,
dann sagt der Zollstockmann,
mindestens zweisechzig
für die Rettungsgasse.
Die Lebkuchenfrau
zieht den Schal enger.

Der Tannenbaum
vom Tieflader
stellt sich vor
eine Maria mit Kind.

nouvelle cuisine

gefordert wurde von gästen

dem haupt des kochs

gleich im biergarten

eine ständige verehrung

zu errichten

mit Meeresblick

bei freiem eintritt

Fünf-Uhr-Tee
auf Hedwigslust

Urgroßmutters Sommer

bauscht die Röcke prächtig,

Atlasfalten voller Erdbeer und Jasmin,

duftig süßen Vorspiels

lockender Beginn.

Küss die Hand, voll Anstand

kniet die Lust bedächtig.

Wilde Reben ranken sich

um's Pförtchen mächtig,

schelmisch scherzt

ein praller Putto vor sich hin,

Rosenstöcke salutieren in Karmin.

Man beplaudert

Herzensdinge, unverdächtig.

„Teezeit!", ruft man sie

 ins Haus hinein.

„Fräulein reichen Sie

mir ihren Arm!",

knisternd schmiegt sich

eilig Stoff an Stoff.

„Doktor, darf ich

ihre Malve sein?"

Eins war hier schon

längst des andern Schwarm,

täubchengleich

es aus dem Herzen troff.

Man geht ins Haus,

es glänzt die Wand aus Seide,

>

im goldnen Bilderrahmen

Heilandsschäfchen,

begrasen allerfröhlichst

Moor und Heide,

des Guten Hirten Hund

im sel'gen Schläfchen.

Ein Pferdetrupp

bereitet die Paneele.

Geschnitzt aus Wurzelholz

des Sofas Wangen,

ein Ritter passte 'rein

mit Leib und Seele,

es fehlt' nur noch

'ne Jungfrau für's Verlangen.

Zerknarrt wird jäh
die Stille des Gemachs,
als man das Paar nun
stumm zum Platze bringet,
es ächzt ein Stuhl,
an Dübeln hier gebrach's.
Serviert wird Ceylon-Tee,
Musik aufklinget.

Im Bild der Ahnherr
schauet cool,
dieweil sie später
Obstler trinken.
Die blassen Bräutchen
wechseln wohl,
die Zwetschgen nicht.
Er tut jetzt winken.

Heimatkunde

Hochzeit bei Brodersen.
Sie krieg'n sich in die Wolle,
als man die Braut entführt.
Wohin und wer? Kein Ton,
die Handys schweigen schlicht.

Das Funkloch ist geblieben,
die Braut, sie tat es nicht.

Pusteblume

Der sanfte Landwind
wiegt Löwenzahns Kinder,
Köpfchen an Köpfchen.

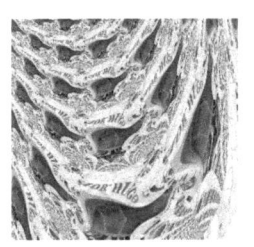

sweet home

Dämmerung

Der erste Zug

zerspant

das Frühlicht,

verschüchtert

das Begehren,

kreischt in der Kurve.

Bilder fliehen den Schlaf.

Rechtsgewälzt.

Linksgewälzt.

Herzspitzenstoß,

es pocht,

es pocht.

Der ich bin,

ist nicht da.

Fundevogel

Die Lage entscheidet,
meint auch die Maklerin.

Zuerst zeigt sie
was Günstiges
mit Migrations-Hintergrund,
Satellitenschüsseln,
nummerierten Stellflächen.

Dann quellen
Koi-Karpfen-Teiche
aus dem Portfolio,
mediterrane Terrassen
hinter Zoo-Zäunen,
glasierte Dächer,
Straßennamen voller Poesie:

Silberbach, Lucienhof,
Dornröschenwinkel.
Trotzdem Autobahnanbindung.

Ich suche etwas,
wo das Navi
aussetzt,
nur Kinder
wissen den Weg.

Umzug I

Anders der Schritt

durch die Habe,

hoch gestapelt

zu fünf Kartons.

„Umzuxbox", lese ich,

„vierzig Kilo Höchstlast".

Wohin nur

mit dem Speckstein-Träumer?

Ich mache ihm ein Kistenbett.

Fein kuschelt er sich

ins Plumeau.

Mich aber drücken

abends die Dielen,

der Schaumstoff riecht

nach Gästen,

die nie wiederkehren.

Umzug II

Ein Schrank geht mit,

die Stühle fliegen raus,

die Decken tun's nicht mehr.

Geschirr hat sie genug.

Wohin mit dreizehn

glanzlackierten Hosenstreckern?

Der Zahnarzt bleibt

vorsichtshalber

der alte

für eine Weile.

Ich kenne seinen Schmerz.

Umzug III

Mein Raumschiff,

drei Zimmer, Küche, Bad,

macht sich klar

zum Countdown.

Das Küchenbüffet sucht

Halt bei mir,

Flugangst

habe ich selber,

lieber wäre ich

Ballonfahrer.

Erleichtere mich um Ballast

in die blaue Tonne

und rede den Dingen gut zu.

Aber sie erkennen

mich an meinen

Schnabelschuhen.

Umzug IV

Keine Bässe wummern
länger mehr von oben,
niemand quietscht am Samstag
badewannenselig.
Meine Zeit ist um.

Jedoch die Augen
von Yusuf, dem Händler
im Laden gleich drüben,
besinge ich weiter.
Sein Villa Doluca
verborgen und staubig,
wer trinkt ihn denn jetzt?

Umzug V

Die beiden Oberlichter

machen große Augen.

Mit himmlischen Augen

scannen sie die Karkassen

der Bücherregale.

Liegengeblieben ist

eine Biographie.

Umzug VI

Verfrühte Gülle
betäubt das Land.
Emails tuckern
ins dünne Netz,
Post nie vor vier.

Am Erker wacht
eine Esche.
Sanft schnürt
die Kleinbahn
durch den Schlaf.

Des Morgens leuchten
zwei Tassen goldener Darjeeling.

Schreibtag im Atelier

Der Torso

reicht mir

keine Hand

oben gucken

sie weg von mir

das ist Kunst

unter der Neonröhre

auf dem Plastikstuhl

Notebook auf den Knien

wachsen meine Zeilen

den Bildern lese ich

lieber nichts vor

sie könnten

eifersüchtig werden

Ende der Welt

Beim gelben Haus

hinter den Hecken

töten wir tagsüber

mit der Rosenschere

drei Dutzend Schnecken,

abends nochmals ein paar

im Licht der Taschenlampe

vor dem Nachtgebet.

Die Tageszeitung

lesen wir nicht mehr.

Hier ist es

schlimm genug.

Meine Moräne

Siebenundvierzig Meter hoch,

sagt die Flurkarte, gefühlte

zweiundneunzig.

Die Buchen drehn sich

nach mir um, kein Mitleid.

Hier sind schon ganz andere rauf

in den letzten achtzig Jahren.

Postboten zweier Reiche,

Wandervögel, Pilzsammler,

Scherenschleifer auf dem Dreirad.

Flüchtende – ziehen ein Panje-Pferd,

Frauenausflüge voller Gesang,

Bodenschätzer, Vatertagskolonnen.

Die Archäologie des Alltags

begnügt sich an dieser Stelle

mit einer Dose in Silberblau,

von Tritten zerquetscht, Red Bull.

Scherenschleifer

kommen nicht mehr.

Pferde – höflich geritten.

Niemand flieht.

Front

Marder im Dach.

Ratten im Kompost.

Schnecken im Beet.

Zecken im Busch.

Maden im Mehl.

Spinnen im Erker.

Hundekacke.

Friede mit wem?

Nebenan ziehen sie

die Tüllfahne auf.

Da lacht der Kakerlak.

Heckenmorgen

Dreiundzwanzig Trippelschritte
bis zur Berberitzenhecke,
morgens schwätzeln
dort die Meisen.
Sitzt der Sperber
auf der Eberesche,
schweigen sie.
Ich bin harmlos,
mein Rollator
kann nicht fliegen.

Advent

Wir nehmen sofort den Trecker.

Unter rot blinkenden Fixsternen

zerschlagen Rotoren die Regenfront.

Ein blauer Helikopter durchwühlt

die Wolkendecken auf der Suche

nach himmlischen Heerscharen.

Schwarze Saatkrähen schrecken hoch.

Wieder zu Hause, warten wir

auf die Tagesschau.

Schwarzer Januar

Wenn die Äcker siffig sind,

Trampelpfade joggerfrei,

wenn selbst schwarze Wasserhunde

muffig um die Pfützen stapfen.

Bloß der gebückte Mann

schiebt gleich sein Rad

mitten im Matsch,

Hosen hoch,

Waden frei.

Quitsch, quatsch.

Taubenblau

Ich klopfe den Schnee ab.

Schön wieder hier zu sein.

Alles ist gut.

Der Computer aus,

die Herdplatte kalt,

die Terrassentür zu,

nichts tropft im Bad.

Unter meiner Lieblingsdecke

taubenblau

auf dem Sofa

eine Fremde.

Sie schläft.

Aufgeregt blinkt der AB.

Ich drehe den Ton leise.

Man spricht so Japanisch
oder eine andere Mundart.
Ich schaue durchs Fenster,
hinter der Ligusterhecke
ein Wolf.

Rehleins Lockruf

In der Brunftzeit spielt mein Jäger

schlanke Ricke,

bläst den alten Böcken

was in ihre Ohren:

Fiepen, Hetzschrei, Angstruf –

herzzerreißend lockt die Flöte.

Der Nordik Roe-Blatter

ist auf alle Laute vorgestimmt,

die beim Blatten

zum Waidmannsheil führen.

Bestellung unter 5104.

Nummer sicher, Rehbock sicher.

Eine Fuhre Zuckerrüben

ließ mein Jäger außerdem

ins Schussfeld karren.

Später hebt mein Jäger

mit dem letzten Büchsenlicht

augenhoch sein iPod.

Ein Selfie.

Halali.

Gülle, Gülle

Aus Schläuchen plätschert
das Zeug in die Anlagen.
Der Stadtpark ist schon
abgeriegelt, vorsichtshalber.
Die schwarzbunten Kühe traben
dieweil in die Fußgängerzone,
neugierig, ob ihre Bauern
die Sache mit der Kacke
voll in den Griff kriegen.
Leute drücken sich eilig
in die Läden, das Personal
drückt die rote Notruftaste.
Die Security wird ausgemuht.
Ein paar Bullen besuchen
mal den netten Dönermann,
garantiert kein Schwein,
sie nehmen grünen Salat.

Alkluge Kälbchen hopsen
ganz allein in den Bus
zum Schlachthof.
Ein schöner Ausflug.
Güle, Güle.

Malibu

Wind umspielt zärtlich
die heißeste Sonnenbrille
von ganz Fielmann
auf ihrem Malibu-Surfbrett
jetzt und für den Rest
eines berauschenden Lebens
voller Sommerhits

Zack
Vorbei
Arschbombe
in den Baggersee

Ende der Welt

Beim gelben Haus
hinter den Hecken
töten wir tagsüber
mit der Rosenschere
drei Dutzend Schnecken,
abends nochmals ein paar
im Licht der Taschenlampe
vor dem Nachtgebet.
Die Tageszeitung
lesen wir nicht mehr.
Hier ist es
schlimm genug.

Frühmesse

Der Engel im Garten turnt an der Tränke,

grüßt den fetten Gutskater Elvis –

der später doch wieder

nach Singvögelchen grabscht –

und zeigt ihm, wie man ein Rad schlägt.

Dann küsst er die Kapuzinerkressen,

die namenlosen, auf ihre Blütenaugen,

sie schwanken vor Glück.

Zu früh für die Kröte,

sie döst noch im Regenschuh.

An der Tür die Hausspinne

verwebt das erste Licht.

Der Schlüssel steckt von außen.

Drinnen eine Stimme

im Schlaf voller Bilder,

der Engel guckt

mit in den Traum,

einmal lacht er

zu spät.

La Bim

Auf einem Baum ein Kuckuck

schreckt auf das Kind

bös' blickt der Vater

hoch buckelt der Kater

bläst böig der Wind

Kuckuck, Kuckuck

sag' mir doch

wie viel Jahre

Sim sa la bim

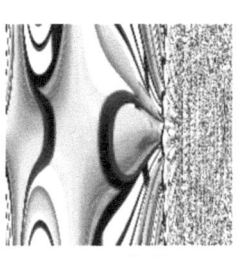

umschlungen

Regentrudelei

Im ersten Schauer schon

entfaltet sich

für uns rein gar nichts

wozu hat man

den Schirm

bloß mitgeschleppt.

Wir stecken

den lästigen Knirps

kurzerhand

in die städtische Tonne.

Besser nass

als verklemmt.

Sierichstraße

In der gelben U3 alles Frauen.

Die blonden nehmen wir mal raus,

ebenso die kleineren.

Die jungen Dinger,

die ins Handy kichern,

kommen nicht in Frage.

Vor den vibrierenden Türen

stehen noch welche mit

Kopftuch und Kinderwagen.

Bleibt eine Lesende,

der ich ins Buch schauen könnte,

sie trägt einen Zopf.

Dort hinten jemand

mit Sonnenbrille,

wäre schon besser.

Deine Größe,

ein blassblaues Tuch

achtlos umgebunden.

Also nicht.

Aber die auf der Rückbank!

Wippender Ohrreif,

der im Rhythmus

der Bahn schaukelt,

Sierichstraße.

Sie steht auf.

Ich wohne doch hier

gar nicht.

Meine Lady

Halogen auf dem Laufsteg

bis zur Haustür.

Achtmal elf Stufen, Altbau.

Am Klingelschild oben –

mein Finger überlegt.

Ich schließe ein Auge,

spähe ins Schlüsselloch.

Mit dem Fingerknöchel morse ich

an der Guckscheibe „Lady Madonna".

Durch den Briefschlitz pfeife ich

ein paar Takte.

Unten geht eine Tür auf.

Gruß und Kuss hingekrakelt

auf ein Papiertaschentuch

reißt ein kalter Luftzug

ins Treppenhaus.

Längst

Einsam dem Wind
geschworn hundert Eide,
verweht längst.

Elend dem Strand
geheult alle Tränen,
versiegt längst.

Zornig der Flut
gebrüllt ihren Namen,
verebbt längst.

Dating im Tierpark

Treffpunkt
Zicklein-Schleckmich.

Hand in Hand zu den Wölfen.
Eine Junge mit Headset
greift sich was aus dem Eimer,
Rote Fleischklümpchen fliegen.

Mir wird speiübel. Lieber
wo die Blesskälber wohnen.
Lutschen einem die Finger
so nass. Füttern, ja bitte.

Später vernaschen wir
Pommes.

Frühstück

Träumend lächeln

im Fenster die Giebel

der Zeitungsfrau nach.

Sie hat den Schlüssel,

bringt mir pünktlich

gedrucktes Gestern.

Im Lokalteil wissen

sie mal wieder

nichts

über deine Hand

auf meinem Knie.

Maiengang

Wange an Wange

klein wenig Glück am Arm

rätscht uns der Häher

Anfang

Blaue Boote

des Morgens

vereinen sich.

Salbeifarben

die See.

Am Himmel malen

die Wolken Zeichen.

Wir lernen unsre

geheimen Namen

by heart.

Valentinsnacht

Dann

tut der Abend alles ab

die Nacht zieht uns aus

bloß noch der Glanz

deiner Faltencreme

und meine Flecken

auf den Händen

der Arzt sagt

das sei eben

so

Jongleuse

Das Zimmer macht Licht,
der Spätburgunder
verströmt seinen Duft,
eine Hand in meiner,
ich sehe, was sie spricht,
während die blaue Marta
vor sich hin jongliert
als wäre nichts geschehen,
Feder, Apfel, Schnecke,
wenigstens der Apfel
könnte zu denken geben.

Norddeutscher Sommer

Duften Blütenzungen
dort wo sanft die Hecke knickt,

laden ein zu Gaste,
wen der blaue Himmel schickt.

Blinzeln müde Augen
rosarot und mittagsträg',

winken in den Schatten,
dass sich eins zum anderen leg'.

Heidebüschel quengeln
unter zweier Leiber Last,

quälen schlaffe Häute –
seitwärts drückt ein dicker Ast.

Fällt die süße Schwere
sanft auf unser federn Herz,

sehen an uns beiden
Käfer taumeln nabelwärts.

Schaun dann tief nach oben,

lange Zeit vergeht, man schweigt,

bis ein Himmelsschleier

flüchtig sich am Buschrand zeigt.

Selbst mein Zeh würd' sagen,

bin so heckenrosenfroh,

ach ja, gut zu wissen:

Deine Wimpern glitzern so.

Morgenfahne

Früh schon

die Quinte des Martinhorns.

Endlich dann rumpelt der Tag

zu mir über das Pflaster.

Zwei Stockwerke unter mir

haben sie Fenster auf,

lüftet die Träume,

das junge Paar.

Schwenke voll Stolz

meine Fahne, lachend

mit deinem Erdbeermund.

Schwarzer Mond

Traumhatz.

Fetzen von Sätzen.

Bänglich pocht

dein Herz an.

Ich fahre hoch:

Kein Wechselbalg,

du bist noch da.

Ich lege mich

dicht an dein Ohr

und summ' dir was

vom Morgenstern.

Mantras

Komm, meine scheue Geliebte,
hinter die letzte Lahnung.
Dein knalliges Klatschmohnkleid
betten wir artig über die Pfähle.
Lass mich den Nabel
der Anbetung finden
auf unserem Strand voller Tang,
fein gedrechselt ist er
und lächelt breit und wissend,
wenn ich dir dies und das tue,
zum Beispiel deine Untiefen
herzlichst durchzüngele.
Von Wundern deines Priels
will ich dir ins Ohr flüstern;
ach, die kanntest du schon.

Aber höre, ich bin dir dankbar

für die silbern verzauberten Gräser

deiner Härchen an all deinen Orten,

die eine leichte Sommerbrise

meiner Fingerkuppe

beschwören darf,

altfriesische Mantras murmelnd.

Komm, lassen wir miteinander

die Möwen kreischen.

Pompoms

Heute, meine scheue Geliebte,

gehn wir schlampampen,

Picknick weit vor'm Deich.

Da machen wir uns breit

auf unserer Frotteeinsel,

einsachtzig mal einsechzig.

Ich liebe deine Pompoms.

Abends gehen wir dann

Muscheln essen ganz intim.

Eiderliebe

Schwebewespen wohlig nippen,

Falter treiben ihre Späße,

Brummer kreisen in den Lüften.

Unter rosaroten Lippen

ritterliche Staubgefäße

dienen sommerschweren Düften.

Gott, welch ein Sommer!

Du wirst sehn, uns wird gebor'n

Rosa Rittersporn.

Romanze für 1 Ratscher

Noch weiß der Rosenstrauch,

der uns verdeckte,

was dir so schmeckte,

bald friert`s den Rosen auch.

Noch weiß das grüne Gras

wo wir gelegen,

uns treu zu pflegen,

bald grünt es nur noch blass.

Der Regen wischt den Sommer aus,

auch unsern Platz

mit feuchter Hand,

wir finden uns im festen Haus.

Doch jener Ratscher dort am Kinn,

vernarbt sehr bald,

doch noch erkannt,

er träumt sich oft zum Juli hin.

Onkel Heinz

Tiefer in der Hochzeitstruhe

Tante Mienchens Liebesmarken:

Puddingfarben lacht ein Putto,

Silbertönende Trompeten,

handgeküsst die art'ge Braut,

Das fliederfarbene Tanzbillett

aus dem Ballhaus Wilhelm Pohl

für achtzig Reichspfennige

ist säuberlich beschriftet:

„Komm, mein Liebchen",

so viel Sütterlin kann auch ich.

Onkel Heinz tanzte nie.

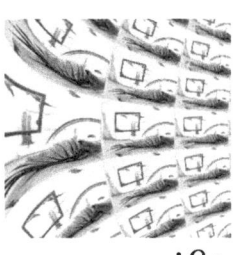

weißt du

Kirschenrot

Alle sieben Sterne
am Himmelswagen
besinge ich lauthals
unter dem Haselstrauch
auf dem Heimweg.
Um die Kirschen aber
mache ich einen großen Bogen,
sie könnten sich erinnern,
alles ausplaudern,
rot wie sie geworden sind
am Himmel
über mir und der Lena
im Baumhaus.

Der Mond hing schief

Geburtstagsfoto:

Hier sieht man Tante Maren,

nach ihrer Erdbeerbowle

wurden alle heiter.

Ich wollte gern ins Heu,

es fand sich eine Leiter

und mein Cousin

mit dunklen, lock'gen Haaren.

Erzählten uns von Katz' und Hund,

von Pferd und Reiter.

Wir mimten wilde Jagd,

die Mäuse floh'n in Scharen,

wir guckten Mond und wussten,

dass dort Menschen waren.

Dann meinte ich,

nach unten klettern sei gescheiter.

Wir waren ohnedies

mit dem Latein am Ende,

noch fremd, was zwei allein

so miteinander treiben,

erlauschten davon manchmal

was mit heißen Ohren.

Spätabends hieß es geh'n,

wir gaben uns die Hände,

versprachen, aus dem Urlaub

einen Gruß zu schreiben.

Der Mond hing jetzt ganz schief,

das hätte ich geschworen.

Ulla

Da geht Ulla

sie ist in der Neunten,

sagt meine Mutter.

Ulla guckt

durch mich durch.

Ulla trägt

einen grauen Pullover,

selbstgestrickt,

sagt meine Mutter,

Patentmuster,

sagt meine Mutter.

Die Ullas

wohnen nebenan zur Miete,

wir haben ein Haus.

Ulla sieht mich trotzdem nicht.

Vor meinen Augen schlenkert sie
ihre Schultasche hin und her.

Ich muss den Ranzen
auf den Rücken schnallen.
Ulla ist so was wie eine Frau,
noch nicht ganz, aber irgendwie.
Ihr grauer Pullover
wölbt sich vorne, ich starre.

Für Ulla bin ich nicht da,
wenn ich durch die Hecke spähe
in meiner dünnen Turnhose –
in der tut sich was.

Ulla geht in die Neunte.
Ich komme in die Fünfte.

Karbid

Der dicke Schulze
holt die Klümpchen
aus der Jackentasche,
stinken nach Klo.
Ab damit
in die Flasche von Tommi.
Wasser schon drin.
Hänschen ist stolz
auf sein Sturmfeuerzeug.
Wird nicht gebraucht.
Ich hab' nichts.
Ich muss Schmiere stehen.

Im Rohbau kracht's
wie Silvester.
Scherben hageln.

Das machen sie
gleich nochmal.
Zwei Häuser weiter
geht die Tür auf,
das ist bei Thomas.
Wir stieben davon,
kauern im Graben,
schleichen heim.
Nur ich
habe saubere Hände.

Enno

Enno liegt unter einer Betonplatte.

Er wollte oben nur mal gucken.

Uwe pest nach Hause und beichtet.

Wir anderen haben keinen Mumm.

Verkriechen uns

auf dem Baugerüst.

Pinkeln in die Hosen.

Die Polizei.

Der Krankenwagen.

Der Arzt.

Das Leichenauto.

Mein erster Toter.

Wir werden aufgetrieben,

wie Lämmer zur Schlachtbank.

Die Eltern – das Jüngste Gericht.

Enno liegt auf einer Bahre.

Zugedeckt. Niemand ist bei ihm.

Seine Mutter kenne ich.

Simones Tagebuch

Meine Katze
scheute,
als er kam.

Meine Musik
hat er gehört,
mein Notebook
hat er probiert,
meine Limo
hat er getrunken,
meine Chips
hat er gegessen.
meinen Busen
hat er beguckt,

meine Poster
hat er bewundert.

Meine Puppen
taten wir beiseite.

Meine Katze
schnurrte,
als er ging.

Dornröschen

Der schwarze Apparat

vom Weihnachtsmann

braucht Pappstreifen

mit winzigen Bildern.

Dann wirft er Dornröschen

auf die Wand.

Ich aber bin raus

aus den Märchen.

Später wird der Apparat

mein Freund. Er zeigt mir,

wie man Bildchen macht.

Ich kritzele auf Butterbrot-Papier

Kreise mit Punkt,

behaarte Ypsilons.

Immer und immer wieder.

Frauen eben.

Nackt tanzen sie auf der Tapete.

Anstalt

Eine Mauer.

Aber nur vorne,

hinten kann man rein.

Tief geduckt

gucken wir Bekloppte.

Zwei auf der Bank.

Einer raucht Pfeife,

der andere füttert Vögel,

Niemand schreit.

Dann zum Haus mit Gittern.

Ein weißer Kittel

schiebt Rollstuhl.

Versteckt im Busch

hören wir zwei lachen.

Aus einer Zelle komische Töne.

Nur ein Radio.

Draußen atmen wir auf,

schneiden uns Fratzen,

reden dummes Zeug

auf dem Heimweg.

Irre.

Liebermann

Als es noch einen Kaiser gab,

setzte sich der Maler Liebermann

im warmen Elbsommer

auf die Lindenterrasse

bei Jacobs in Nienstedten

und trank seinen Café.

Dann malte er.

Das Ölbild hängt im Museum.

Die Linden stehen noch,

das Gedeck so teuer wie immer,

Schiffe ziehen vorüber wie eh und je,

Hüte wie früher – kann sein.

Korbstühle, die sind neu.

Mein Liebermann,

wenn du damals zufällig

da gewesen wärest

am Strand von Oevelgönne,

nicht weit von Jacobs,

ich im piwarmen Wasser

mit der alten Dreiecksbadehose,

die am Po kneift,

hinter mir die großen Pötte –

das wäre auch ein Bild

für die Kunsthalle.

Nicht in die Fahrrinne,

hatte die Tante gesagt.

Zu Hause traue ich mich

Arschbombe vom Dreier,

aber was ist eine Fahrrinne?

>

Ich komme sowieso

nur bis zu den prustenden Mädels,

die gar nicht schwimmen wollen,

gut, dann ich auch nicht,

stattdessen tue ich so,

als ob ich Muscheln gucke.

Jetzt wird's interessant,

springt doch der allerröteste Bikini

von der ganzen Elbchaussee

ins schimmernde Weidengebüsch,

ein Schlaks in Nylonshorts

lässt ein Bettlaken von Handtuch

vor ihr im Winde flattern.

Aber ich lerne trotzdem,

wie im warmen Elbsommer

Mädchenhaut an blanken Stellen

blinken kann,

mein lieber Mann.

Der Bahndamm

Schon in Flammen,

Mit Terpentin

war's diesmal

so einfach gewesen.

Unsre Gummistiefel

riechen nach Abenteuer

Schwarz fahren wir nach Hause.

U

Dublin sagt die Tante,
U wie Ursula,
lässt die Zeitung sinken,
legt die Stirn in Falten,
nimmt vom Kirschlikör.

Ich verdrücke mich,
haste über'n Flur,
trete nach dem Dackel,
trolle mich nach draußen,
bis zur Gartenpforte
habe ich Erlaubnis.

Jungs in gelben Trikots
tippen einen Ball.
Fahrradpärchen klingeln.

Kinder klickern drüben

Murmeln, rot und grün,

blau mit weißen Wölkchen.

Drücke auf die Klinke.

„Dablin", flüst're ich,

„D a b l i n."

Alte Jungs

Die Nase im Glase,
der Riesling belebt.
Ein Prost auf die Pauker!

Mit schnipsligen Spickern
zum gallischen Kriege.
Physiktest beim Rabe,
der scheuchte die Raucher,
und rächte die Pärchen.
Christin in der Elften
man hätte sie gerne

. . .

Es wölben sich Hände
zu fülligen Kelchen
am wiehernden Stammtisch.

Die Nase im Glase,

der Riesling belebt.

Na, Prost auf Christinchen!

Nur ich bleibe schweigsam,

einst schrieb ich ihr Verse.

Heckenschütze

Sichtschutz vom Bücherschrank.

Niemand der hier noch liest.

Flach an die Wand gedrückt,

Kippe nur halb geraucht,

iPod im starren Blick.

In der Zwölften schon wusste er,

was er werden wollte:

Heckenschütze.

Lisa hörte sofort auf,

mit ihm zu gehen.

Er malt sich

ihre prallen Brüste aus,

nur bis dahin schaffte er's.

Zicke. Freifräulein Louise von –
er müsste ihr's mal
richtig zeigen.

Das Signal.
Hastig zerquetscht er
den glühenden Stummel
zwischen Daumen und Zeigefinger.

Aufmarsch

Im Kaufhaus
die Rolltreppe abwärts,
einer aber hoch,
rennt, rempelt, rudert.
Sein Kumpel mit.
Erstes Stockwerk,
er zückt sein iPod,
macht ein Selfie
auf dem Podest,
Kopf an Kopf,
sie gucken wie im Kino.

Zweites Stockwerk,
sie zischen ab
durchs Porzellan,
man weiß ja nie.

Die Security marschiert
aus dem Fahrstuhl
Richtung
Kinderparadies.

Westküsten-Blues

Kapuzenjungs

im feuchten Weltenschmerz,

sie finden sich

vom Leben abgehängt.

Die Politik, die „Alte",

pöö, geschenkt.

Es ploppt das Pils,

zwei Glatzen machen Terz,

 jongliern mit Bügelflaschen

bloß zum Scherz,

die erste hab'n sie schon

ins Watt versenkt.

Gern steht man hier

als Mann, so eng gedrängt,

sich duckend

in die Herde, wasserwärts.

Die Lästerzungen tänzeln
ohne Zaum,
anheim fällt nun die Stadt
der Ridicule.
Die Bürger fallen
in den ersten Traum.

Der Strom bringt Nachtluft,
beißend ihre Kühle,
man geht,
die dünnen Jacken wärmen kaum,
kann sein, es gibt am Schluss
ein paar Gefühle.

Frau im Wald

Volker kennt sich aus.

Die Frau ist allein.

Ohne Kopf. Nackt.

Haut wie Leukoplast.

In der Mitte kann man sie

auseinandernehmen.

Keiner will unten haben.

Stöckchen ziehen.

Ich kriege oben

und werde rot.

Volker ist stinkig.

Er will sie ganz.

Ich gebe klein bei.

Er nimmt die Frau,

ich fass' mit an.

Bescherung

Die Heiligabendwut

schlitzt den Teddy auf,

wühlt aus seinem Bauch

Flöckchen hoch,

sie rieseln herab,

grauer Schnee.

Es roch nach Schweißhändchen.

Furchtbar.

Unten rief das Glöckchen

zur Bescherung.

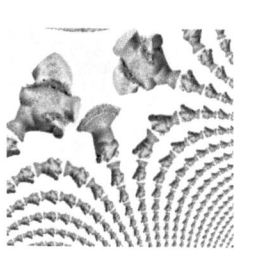

auswärts

Kanada

Das Haus weint,
als es mich sieht.
Es hält mich
für einen anderen.
Ich bleibe
zum Verwechseln höflich,
ziehe meine Pudelmütze,
sanft drücke ich
die Tür ins Schloss.

Kanada.
Ich kann schon
im Freien abkochen.

Lego

Gut so ein Allrad,
das verlassene Dorf
fehlt auf der Karte.

Der Stall steht noch,
es riecht nach Ziege,
zerrissener Strick.

Kalte Feuerstelle.
Blanke Knöchelchen.
Ein Legostein.

Ich denke ein Tatort.
Du denkst ein Kind.

Saint-spotting

Vierzehn Heilige
in zweieinhalb Minuten
kick digitale

茶艺

cháyì

Unsterblich zu werden,

das wollte der weise

Lu Tong nicht erwägen,

begehrte zu kosten

stattdessen den Tee,

zart hauchig voll Freude,

gern Schale um Schale,

bereitet zur Andacht

des Herzens, der Sinne,

so fern allem Arg.

Zen

den anderen durst
der lotusblume stillt nicht
der silberne teich

Landpfleger

Es begab sich aber in jenen Tagen,
dass Assad Landpfleger
in Syrien wurde.
Da machten sich zwei sofort auf
und zogen in ein anderes Land.
Ihr Kind wurde ihnen
unterwegs geboren.
Der andere Landpfleger hieß
Herodes.

Dach der Insel

Schlacken, Schotter, Schweiß,

vor mir deine Stiefel knarzen,

wir atmen uns hoch.

Auf dem Dach der Insel,

an den atlantischen Wind gelehnt,

flattrig der Griff zur Kamera,

ein Caspar-David-Friedrich-Blick,

unter den Wolken

irgendwo das Meer,

allein,

ich habe dich

aus den Augen

verloren.

Drachenblut

Zwei fette Gingerkatzen

aalen sich vor dem Hippie-Café,

„Keine Trips mehr",

augenzwinkert die Führerin,

lang und wild ihr Haar.

Vorbei an Feigenkakteen,

sich selbst überlassen.

Windzerzauste Wolkenbänkchen

hintermalen eine Mühle,

ihre hölzernen Schaufeln:

der Fortschritt von vorgestern.

Endlich am Ziel,

die Drachenbäume,

letzte des Dorfes,

fast ausgeblutet einst

für das Rot Europas.

Ich aber fühle kein Scham.

Freue mich am Acker

der jungen Kartoffeln,

zwei Ernten im Jahr.

Wäre ein Grund

zu bleiben.

Ins Schwarze

Tuffbröckchen
Im Feuerhagel
geborene Lapilli-Felder
knirschen
unter dem Schritt
abwärts.
Jeder rutscht
für sich allein.
Selbst Jungverliebte
lösen die Hände.
Am Fuß des Vulkans
legen sie ihre Namen
mit Klümpchen
aus dem Himmel
ins schwarze Geröll.

Fokus

Beton-Echsen

auf grauen Stelzenfüßen,

winden sich von Grat zu Grat

die Steilwand hoch.

Unten die Lockungen

alpträumender Schluchten,

oben stumm der Basalt.

In jeder Spitzkehre

wendet der Bus

Nase über dem Abgrund,

voller Gebete gen Himmel.

Digitalkameras

verlieren den Fokus.

Lohnende Bilder

später für neunzig Cent

oben im Café.

Rimini

In Superacht:

Luftgekühlt

über den Brenner gekrochen,

für die Kamera

teutonisch getobt

wie die Sieger,

dann kotzen die Kinder,

ist aber nicht mit drauf.

Später Babsie, becremt sich

den Bauch mit Nivea.

Der Strandwächter zeigt uns

die Ausziehzone der Gäste.

Prego.

Schade, es gibt keinen Ton.

Man sieht nur

seine wunderschön blitzenden Zähne.

Das schneiden wir raus.

Bikini muss sein,

Farbe wäre noch schöner,

auch die Natur

und zweimal die Grenze.

Soll'n doch die Enkel

mal seh'n.

Schwarmbeben

Sie ist norddeutsch.

Man könnte von Wacken

bis in die Elbe fallen

fällt man aber nicht,

sagt sie am Tresen.

Das sind immerhin

dreißig Kilometer.

So tief da unten

irgendwo rumort's.

Der Fernseher hängt

über den Flaschen,

ein Schwarmbeben,

rote Pfeile stürzen

aus dem Bildschirm

Richtung Whisky.

So tief.

Das Wetter morgen
bleibt.

Nach dem Krieg
kam alles runter
flüstert sie mir zu,
das Hotel haben sie
in die Lava gebaut.
Mit dem Knöchel ihres
Ringfingers klopft sie
an die schwarze Platte,
unberufen und dreimal.

Sigismund winkt

Mehr Fassaden geht nicht.

Und dann die Höfe:

Empört watet die Katze

am Saum der Pfütze entlang.

Die Junge in roten Hosen

bricht fremden Flieder,

Smartphone in der Linken.

Abfalltüten unverschämt

neben dem Brunnenhäuschen.

Unter'm Ahorn ein Bänkchen

kurz und unbesucht.

Wenn wir hier wohnten,

baute ich Dir und der Katze

einen hölzernen Steg,

umzäunte unseren Flieder allerhöchst,

und abends bisweilen

säße ich bedeutsam eng

mit meiner Herzensfrau

auf dem Bänkchen.

Einmal aber würde der schöne

goldene Sigismund

auf der Spitze des Rathausturmes

sich winkend zu uns wenden.

Das Rathaus steht in Danzig

Schälchen

Unter dem Schutt

Labyrinthe

Spiral-Augen

Schälchen

in Stein gegraben

die Fingerbeere

hineinzutauchen

hätte man Wasser

wüsste man Religion

Wünschen

Endlich mal
wollte ich aufschreiben
was ich auf jeden Fall
noch machen möchte
bis man nicht mehr ist.
Ich kann nicht,
die Katze guckt so.

Lyrik!

landpoet.de
(blog)

@lyrikant
(twitter)

Inhalt

Vom gleichen Autor:

WolfsAngst

Jugendroman, ab 13 J.

174 S. , 2018, Hamburg

ISBN 9 783746 960494

Männer auf Achse

Erzählungen über Männer

214 S., 2017, Renningen

ISBN 9 781976 472855

Zeitfracht Medien GmbH
Ferdinand-Jühlke-Straße 7
99095 Erfurt, Deutschland
produktsicherheit@kolibri360.de